abre bocas

KRISTINA WETTER

Para Lourdes y Roberto
Feliz Navidad

Dic., 2003

abrebocas

KRISTINA WETTER

fotografías: nacho troconis

NK PUBLICACIONES C.A.
Caracas 2003

Kristina Wetter

ABRE BOCAS

Una publicación de NK PUBLICACIONES C.A.

© NK PUBLICACIONES C.A. 2003

HECHO EL DEPÓSITO DE LEY

DEPÓSITO LEGAL Nº LF86620036412331

ISBN 980-6691-00-8

TODOS LOS DERECHOS RESERVADOS

NK publicaciones C.A.

Tel. (212) 7313168 / (212) 4148757

e-mail: info@encasadekristina.com

www.encasadekristina.com

Editora: Kristina Wetter

Diseño: Nacho Troconis y Andreína Restrepo

Contenidos: NK publicaciones C.A.

Fotografía: Nacho Troconis

Corrección de textos: Rosario Suárez

Impreso en Caracas por Gráficas Acea

Fotolito: Imagen Color L.C.

bocado a bocado

Me encanta sentir que no existen reglas a la hora de cocinar. Siempre hemos escuchado decir que primero se sirve la entrada, luego el plato principal y, finalmente, el postre. Quizás sea así, pero el estilo de vida actual nos ha llevado a no querer ceñirnos a estas reglas tan formales. Después de todo, no se trata de cuánto comemos ni del orden en que comemos... más bien se trata de lo que comemos y con quién lo comemos. Y es que mi manera favorita de comer es probar varios platos pequeños con ingredientes, texturas y sabores diferentes. No importa si se trata de entradas, acompañantes o platos principales; lo importante es que los podamos servir sin reglas establecidas y que los disfrutemos bocado a bocado y en buena compañía.

Son precisamente estos platos los que he querido presentar en este libro. No importa si se trata de una entrada, de un sándwich o de un plato principal. Un risotto, que tradicionalmente se considera una entrada, se convierte en un plato principal con sólo servir un poquito más. En ocasiones, me siento absolutamente feliz con una humeante sopa de calabacín y un crujiente pan tostado, acompañado del más cremoso de los quesos de cabra; una pasta all´arrabiatta, que los italianos servirían como primer plato, se convierte en una cena muy completa al acompañarla con una refrescante ensalada verde; una tartaleta de espárragos un domingo por la noche es suficiente y maravillosa, sin necesidad de comer de más y unas costillitas barbecue son el plato ideal para una divertida mesa entre amigos un fin de semana cualquiera.

Esta es una recopilación de recetas favoritas que quiero compartir contigo para que seas tú quien decida cómo quieres servir los platos... quizás antes del principal o después de la entrada, solitos o acompañados de otro que también encuentres en este libro. Verás que a la hora de servir es divertido olvidarse de las reglas; simplemente prepáralos, disfrútalos bocado a bocado y compártelos, pues en buena compañía, cualquiera de estos "abre bocas" siempre sabe mucho mejor.

contenido

chupe de gallina / 10

vichyssoise / 12

gazpacho / 14

sopa de lechuga / 16

bisque de langostinos / 18

crema de calabacín / 20

sopas frías y calientes

chupe de gallina

INGREDIENTES

1 gallina
2 limones para lavar la gallina
4 jojotos en trozos
1 cebolla entera
1 pimentón grande
1 ajoporro entero
Ramas de cilantro
Agua
4 papas grandes en cubos
1 lata de maíz en crema
1 kilo de queso blanco blando en cubos
1 taza de crema de batir refrigerada
Hojitas de cilantro fresco para decorar

El chupe puede estar dos

días en la nevera.

Lo ideal es que calientes

en una ollita, a fuego muy

lento, solamente la

cantidad que vayas a

servir. Añade cilantro

fresco. Yo agrego más

cubos de queso blanco

cuando lo caliento al día

siguiente.

PREPARACIÓN

Limpia bien la gallina y frótala con limón. Colócala con los jojotos, la cebolla, el pimentón, el ajoporro y el cilantro en una olla grande y agrega suficiente agua hasta cubrir la gallina. Hierve a fuego medio hasta que ésta ablande. Sácala, déjala enfriar y córtala en cubos. Cuela el consomé y transfiérelo nuevamente a la olla con los jojotos. Agrega las papas en cubos al caldo y cocínalas hasta que estén suaves. Incorpora el maíz en crema y cocina un ratico más. Momentos antes de servir, añade los trocitos de gallina y el queso en cubos y déjalos hervir un poco hasta que el queso blanco se derrita. Retira la olla del fuego y añade la crema de batir. Recuerda que una vez que hayas agregado la crema de batir, el chupe no debe hervir. Decora con las hojitas de cilantro fresco y sirve de inmediato.

vichyssoise

6 A 8 PERSONAS

INGREDIENTES

60 g de mantequilla

6 ajoporros grandes en ruedas

1 cebolla picadita

2 tallos de célery

400 g de papas en cubos

8 tazas de consomé de pollo

1 taza de crema de batir refrigerada

Sal y pimienta

Perejil picadito para decorar

PREPARACIÓN

Derrite la mantequilla y cocina el ajoporro, la cebolla y el célery durante 15 minutos. Agrega las papas y el consomé de pollo. Llévalo a un hervor, baja el fuego y cocínalo hasta que las papas estén blandas. Transfiere todo a la licuadora y procesa hasta que obtengas una mezcla homogénea. Viértela en un recipiente y añade la crema de batir, la sal y la pimienta. Espera a que se enfríe y luego guárdala en el refrigerador durante dos horas. Para lograr una textura muy suave, pasa la vichyssoise por un colador antes de servirla. Sirve tu vichyssoise bien fría y decórala con algo más de crema batida y perejil picadito.

- Esta sopa fue creada en
- Nueva York en 1917 por
- Lois Diat, un chef francés
- que inauguraba un
- restaurant al aire libre.
- Se trataba de una receta
- de su madre. Había tantos
- invitados que no tuvo
- tiempo de calentarla.
- Como el día era tan
- caluroso, le agregó crema,
- la sirvió fría y la llamó
- Vichyssoise en honor a
- Vichy, su ciudad natal.

gazpacho

4 A 6 PERSONAS

INGREDIENTES

1 y 1/2 kilos de tomates pelados sin semillas

2 pepinos pelados y picaditos

1 rama de célery

1 cebolla picadita

1 pimentón rojo picadito sin semillas

2 cucharadas de vinagre

1 diente de ajo

1/2 cucharadita de azúcar

4 cucharadas de pan molido

5 cucharadas de aceite de oliva

Sal y pimienta

1 pepino sin pelar picadito para decorar

1/2 pimentón verde picadito para decorar

PREPARACIÓN

Coloca los tomates pelados y picaditos en la licuadora con el pepino, el célery, la cebolla picadita, el pimentón rojo picadito, el vinagre y el ajo. Procesa hasta que tenga una consistencia homogénea. Agrega el azúcar, el pan molido, el aceite de oliva, la sal y la pimienta. Sirve bien frío. Coloca en el centro de la mesa el pepino en cubitos y el pimentón picadito para que cada quien lo decore con la cantidad deseada.

- Para pelar los tomates
- con facilidad, pon a
- hervir agua en una olla.
- Corta unas equis
- pequeñitas en los
- extremos. Sumérgelos en
- el agua hirviendo durante
- unos 20 segundos hasta
- que la piel se desprenda.
- Pásalos por agua bien fría
- y elimina la piel.

sopa de lechuga

INGREDIENTES

2 lechugas iceberg grandes
4 y 1/2 tazas de consomé de pollo
2 cucharaditas de mantequilla
Sal
1 pizca de nuez moscada

PREPARACIÓN

Lava las hojas de lechuga y reserva unas para decorar la sopa antes de servir. Corta las hojas restantes de la lechuga en tiritas bien finitas. Colócalas en una olla con el consomé y déjalos cocinar durante unos 40 minutos. Deja enfriar un poco la preparación y llévala al vaso de la licuadora. Procesa hasta que obtengas una mezcla homogénea. Recuerda que, por seguridad, deberás sostener la tapa de la licuadora firmemente con un pañito de cocina. Transfiere nuevamente la sopa a la olla e incorpora la mantequilla, la sal y la nuez moscada. Decora con las hojas de lechuga fresca cortadas en tiritas. Puedes servir esta sopa fría o caliente.

Para lavar y separar las hojas de la lechuga iceberg, corta alrededor del tallo y despréndelo. Colócala bajo el grifo para que el agua caiga en el agujero. Las hojas se separarán fácilmente.

bisque de langostinos

6 A 8 PERSONAS

INGREDIENTES

800 g de langostinos	1 tallo de cebollín
1 y 1/2 cucharadas de aceite de oliva	5 ramitas de tomillo fresco
1/2 cebolla picadita	5 ramitas de perejil liso
3 cucharadas de brandy	3/4 taza de vino blanco
1 cucharada de arroz	3 tazas de agua
3 tomates pelados y picaditos	Sal y pimienta
1/2 ajoporro	1/4 taza de crema de batir refrigerada

PREPARACIÓN

Lava los langostinos pero no los peles. Calienta el aceite de oliva en una olla y sofríe la cebolla. Incorpora los langostinos y déjalos cocinar unos minutos, hasta que se pongan rosados. Agrega dos cucharadas de brandy, el arroz, los tomates, el ajoporro, el cebollín, el tomillo, el perejil liso, el vino y el agua. Añade la sal y la pimienta y llévalo a un hervor. Retira los langostinos de la olla y déjalos enfriar. Deja que los demás ingredientes hiervan durante unos quince minutos a fuego medio y remueve ocasionalmente. Cuando los langostinos estén tibios, pélalos y ponlos aparte. Lleva las conchas nuevamente a la olla, intégralas bien a la mezcla y déjalas cocinar durante cinco minutos. Apaga el fuego y déjalas reposar durante quince minutos. Elimina las cabezas, las hierbas y las conchas que veas muy grandes. Transfiere la mezcla a la licuadora, incluyendo las conchas más pequeñas y procesa hasta obtener una sopa de consistencia suave. Transfiere la mezcla nuevamente a la olla, pasándola por un colador. Lo ideal es pasarla dos veces para obtener un mejor resultado. Añade la cucharada restante de brandy, cocina un poco más a fuego lento y vierte la crema de batir. Corta los langostinos pelados en tres e incorpóralos a la sopa. Ajusta la sal y la pimienta. Si lo deseas, decora con un poquito de crema batida.

La bisque es una sopa tradicional francesa de langosta, cangrejo, camarones o langostinos en la cual las conchas son un ingrediente básico de la receta. Elimina las cabezas de los langostinos y las conchas más grandes y procesa sólo las más pequeñas y suaves.

crema de calabacín

4 A 6 PERSONAS

INGREDIENTES

4 calabacines

2 cucharadas de mantequilla

1 ajoporro en ruedas

4 ramas de cebollín picaditas

1/2 pimentón verde picadito

3 tazas de consomé de pollo

Sal y pimienta

PREPARACIÓN

Lava bien los calabacines y córtalos en cubos. En una olla derrite la mantequilla y sofríe el ajoporro, el cebollín y el pimentón. Ahora agrega los cubos de calabacín y sofríelos durante cinco minutos. Vierte el consomé de pollo y déjalo hervir hasta que el calabacín esté suave. Agrega la sal y la pimienta. Retira del fuego. Procesa en la licuadora hasta que adquiera una consistencia homogénea. Prepara los croutons como te indicamos en la barra lateral. Decora la crema de calabacín con los croutons y sirve bien caliente.

- A la hora de hacer tus
- croutons, corta la
- berenjena en cubos de
- unos dos centímetros.
- Colócalos en una bandeja
- para hornear preparada
- con un poquito de aceite
- de oliva y hornea a fuego
- alto hasta que doren
- ligeramente.
-
-
-
-
-
-
-

ensalada de queso de cabra / 24

ensalada thai / 26

ensalada de radicchio / 28

ensalada de cangrejo / 30

tabbouleh / 32

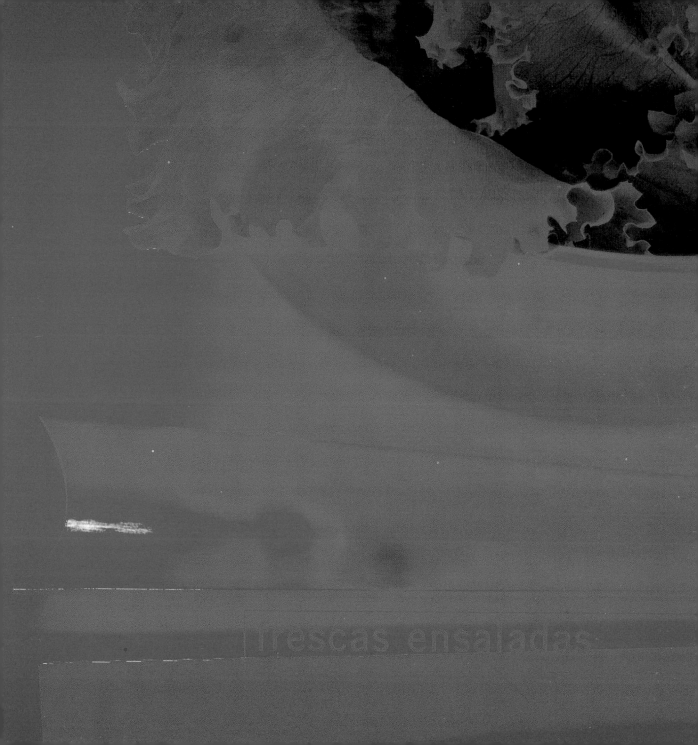

ensalada de queso de cabra

4 PERSONAS

INGREDIENTES

8 rueditas de pan francés

1 lechuga rizada

1 radicchio morado

3 cucharadas de vinagre balsámico

1 cucharada de miel

Sal y pimienta

1/4 taza de aceite de oliva extravirgen

1 barrita de queso de cabra

Pimienta fresca recién molida

Granos de pimienta rosada para decorar

PREPARACIÓN

Pon a tostar las rebanadas de pan hasta que estén doraditas. Separa las hojas de la lechuga y del radicchio y lávalas con abundante agua fresca. Sécalas con la centrífuga o déjalas reposar sobre papel absorbente. En un recipiente mezcla el vinagre balsámico, la miel, la sal y la pimienta. Añade en un hilito el aceite de oliva sin dejar de remover con el batidor de mano. Incorpora a la lechuga y al radicchio e integra hasta que la vinagreta cubra bien las hojas de lechuga. Sírvelas en los cuatro platos individuales. Corta el queso de cabra en rebanadas y coloca una o dos rebanadas de queso por plato, sobre las lechugas. Ponle un poquito de pimienta fresca recién molida. Acompaña cada ensalada con rebanaditas de pan tostado. Si lo deseas, decora con unos granos de pimienta rosada y sirve de inmediato.

- Los colores de los granos
- de la pimienta dependen
- del grado de maduración
- del fruto. Bien sea verde,
- negra o blanca, todas
- provienen de la misma
- planta. La pimienta rosada
- no es realmente una
- pimienta: se trata de una
- baya, fruto de un árbol
- diferente.

ensalada thai

INGREDIENTES

1/2 taza de maní tostado

1 diente de ajo

Un pedacito de ají picante

1/4 taza de azúcar

El jugo de tres limones

1/2 cucharada de azúcar adicional

1/2 lechosa verde

2 mangos verdes

1 nabo grande

2 zanahorias

2 pepinos

6 rábanos

- A la hora de tostar el
- maní, puedes hacerlo en
- una sartén sin añadirle
- nada de aceite. Retira la
- sartén del fuego cuando
- veas que se ponen
- doraditos.

PREPARACIÓN

Para hacer la salsa, pon a tostar el maní en una sartén hasta que esté ligeramente dorado. Tritura el ajo en un mortero y agrégale el ají picante. Añade el azúcar y el maní tostado. Continúa triturando con el mortero hasta que el maní quede en trocitos. Agrega el jugo de dos limones. Para hacer la ensalada, lava todas las frutas y verduras y pela la lechosa, el mango verde, el nabo y las zanahorias. Ralla las frutas y verduras de raíz, formando tiras delgadas y largas. En un recipiente aparte, mezcla el jugo de limón restante con la media cucharada de azúcar adicional. Con este líquido, baña los vegetales para evitar su oxidación al entrar en contacto con el aire. Una vez que hayas preparado la salsa y hayas rallado las frutas y verduras, podrás armar la ensalada. Para hacerlo, simplemente colócalas en el plato, con la salsa a base de maní tostado.

ensalada de radicchio y salmón

4 PERSONAS

INGREDIENTES

1 cucharadita de miel

1 cucharada de vinagre balsámico

Sal y pimienta

2 cucharadas de aceite de oliva extravirgen

1 taza de radicchio en tiritas

1 taza de lechuga romana en tiritas

50 g de salmón ahumado en tiritas

PREPARACIÓN

Para hacer la vinagreta, coloca la miel en un recipiente con el vinagre balsámico e incorpora la sal y la pimienta. Agrega el aceite de oliva extravirgen sin dejar de remover hasta obtener una vinagreta de consistencia homogénea. Mezcla las tiritas de radicchio y lechuga romana e incorpora el salmón ahumado. Añade la vinagreta, mezcla bien y sirve de inmediato.

- El radicchio es una
- variedad de lechuga roja
- con vetas blancas
- originaria de la provincia
- del Véneto, al norte de
- Italia. Su sabor es
- ligeramente amargo.
-
-
-
-
-
-
-
-
-

ensalada de cangrejo

4 PERSONAS

INGREDIENTES

1 aguacate maduro

1 mango maduro

4 barritas de cangrejo

2 yemas de huevo

El jugo de medio limón

1 pizca de sal

1/2 taza de aceite de maíz

1 cucharadita de mostaza

1 endivia

Ciboulette picadita para decorar

- Utiliza la cucharita de
- melón para formar las
- bolitas de mango. Verás
- que con este utensilio te
- quedarán perfectamente
- redondas.

PREPARACIÓN

Corta el aguacate en cubos y saca bolitas pequeñas de mango como te indicamos en la barra lateral. Corta las barritas de cangrejo en bastones y luego sepáralas en tiritas. Prepara una mayonesa casera: pon las dos yemas de huevo en el vaso de la licuadora con el jugo de limón y la sal. Procesa hasta que obtengas una mezcla blanquecina. Vierte en un hilito el aceite de maíz con la licuadora encendida, sin dejar de procesar. Toma dos cucharadas de la mayonesa y mézclala con la mostaza. Incorpora las tiritas de cangrejo y, si es necesario, añade algo más de mayonesa. Reserva la mayonesa restante para utilizarla en otra oportunidad. Sirve el plato con las hojas de endivia, la mezcla de cangrejo y las bolitas de mango. Decora con la ciboulette picadita.

tabbouleh

4 PERSONAS

INGREDIENTES

1 taza de agua

1/2 cucharadita de sal

8 cucharadas de aceite de oliva extravirgen

1/2 taza de couscous

1/4 taza de jugo de limón

Sal y pimienta

2 tazas de perejil picadito

2 tomates en cubitos

1 pepino en cubitos

1/4 taza de cebolla morada picadita

PREPARACIÓN

Pon a hervir el agua en una olla con media cucharadita de sal y cuatro cucharadas de aceite de oliva extravirgen. Coloca el couscous en un recipiente y vierte el agua hirviendo sobre éste. Déjalo reposar, sin taparlo hasta que esté suave e hidratado. En un recipiente mezcla el aceite de oliva restante, el jugo de limón, la sal y la pimienta. Añade el trigo hidratado y mezcla bien. Incorpora el perejil, el tomate, el pepino y la cebolla morada. Mezcla bien, transfiérelo a un recipiente, cúbrelo y métrelo en la nevera. Sirve bien frío.

- Tradicionalmente el
- tabbouleh se hace con
- bulgur, que no es otra
- cosa que el trigo partido.
- El bulgur no necesita
- cocción: basta remojarlo
- en agua para preparar la
- famosa ensalada. Sin
- embargo, yo prefiero hacer
- mi versión de tabbouleh
- con couscous, pues con
- éste es mucho más rápido
- y queda más suave.
-
-
-
-
-

con vegetales

tomates rellenos

INGREDIENTES

6 tomates manzanos

125 g de mozzarella

175 g de queso crema

2 cucharadas de albahaca fresca picadita

Sal y pimienta

6 rebanadas de pan

Hojitas de albahaca para decorar

PREPARACIÓN

Precalienta el horno a 350º F / 175º C. Corta la parte superior de los tomates. Elimina cuidadosamente la parte interna del tomate con una cucharita y extrae el líquido como te indicamos en la barra lateral. La idea es que el tomate quede vacío con las paredes parejitas. Corta la mozzarella en cubitos y colócala en un recipiente con el queso crema, la albahaca y una taza del jugo natural de tomate. Añade la sal y la pimienta. Mezcla muy bien y rellena los tomates. Pon a tostar las rebanadas de pan y luego corta los círculos con un molde para galletas. Colócalos en un recipiente refractario y pon los tomates sobre ellos. Hornea durante 20 minutos o hasta que la mezcla de queso dore y los tomates estén cocidos, pero no demasiado suaves. Decora con hojitas de albahaca fresca y sirve de inmediato.

Para vaciar los tomates, haz un corte en la parte superior y retira la pulpa con una cuchara. Ahora pásala por un colador para obtener el jugo natural, presionando la pulpa con la parte posterior de la cuchara.

berenjenas con mozzarella

4 PERSONAS

INGREDIENTES

25 g de albahaca fresca

1 diente de ajo

1/2 cucharadita de sal

1/2 taza de aceite de oliva

2 cucharadas de aceite de maíz

1 berenjena mediana

2 mozzarellas en bola

2 tomates pequeños

Hojas de albahaca para decorar

Tomates cherry para decorar

- Lava la albahaca sólo
- momentos antes de
- utilizarla. Para decorar tus
- platos, puedes freír hojas
- de albahaca rápidamente
- en aceite de maíz y luego
- dejarlas reposar sobre
- papel absorbente. Es
- importante que estén bien
- secas y que las frías con
- mucho cuidado para evitar
- quemaduras.

PREPARACIÓN

Lava la albahaca fresca y ponla con el diente de ajo, la sal y el aceite de oliva en la licuadora. Procesa para hacer la salsa. Calienta el aceite de maíz en una sartén, corta
las berenjenas en rebanadas y cocínalas hasta que estén doradas. Coloca en el centro
del plato una rebanada de berenjena, luego una rebanada de mozzarella en bola, una
de tomate, una cucharada de la salsa de albahaca y nuevamente una rebanada de berenjena. Repite la operación hasta que hayas utilizado todos los ingredientes. Decora
con algo más de la salsa, hojitas de albahaca y los tomaticos cherry.

flan de espárragos

4 PERSONAS

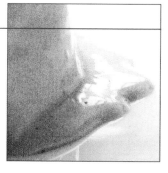

INGREDIENTES

12 espárragos delgados

1 cucharada de cebollín picadito

1 cucharada de ajoporro picado

1/3 taza de yogur

Sal y pimienta

2 huevos enteros

1 clara de huevo adicional

1 pizca de nuez moscada

Spray anti-adherente

PREPARACIÓN

Precalienta el horno a 375º F / 190º C. Lava bien los espárragos y elimina los extremos. Cocínalos en poquita agua hasta que estén suaves y de color verde intenso. Sácalos y sumérgelos en agua helada para mantener su color y detener la cocción. Déjalos secar. Corta las puntas y resérvalas para decorar. Corta los tallos en trocitos y colócalos en la licuadora. Agrega el cebollín, el ajoporro, el yogur, la sal y la pimienta y procesa hasta que adquiera una consistencia homogénea. Agrega los huevos, la clara adicional y la nuez moscada y procesa un poquito más. Rocía los envases refractarios con spray anti-adherente y vierte en ellos la mezcla. Colócalos en una bandeja y llénala de agua hasta que el nivel llegue a la mitad. Cúbrela con papel aluminio. Hornea durante 40 minutos. Cuando estén listos, pasa cuidadosamente un cuchillito por los bordes y voltea para servir. Puedes acompañarlos con una deliciosa salsa holandesa. En la barra lateral te indicamos cómo prepararla.

- Para hacer la salsa
- holandesa, derrite 150 g
- de mantequilla con sal,
- retírala del fuego y déjala
- enfriar un poco. Coloca
- dos yemas de huevo en el
- vaso de la licuadora y
- agrega dos cucharaditas
- de jugo de limón.
- Asegúrate de que la
- licuadora esté bien seca.
- Enciéndela y vierte en un
- hilito la mantequilla
- derretida hasta que tome
- la consistencia adecuada.
- Sirve de inmediato.

soufflé de ajoporro

INGREDIENTES

2 cucharadas de mantequilla para el molde

3 huevos separados

2 y 1/2 tazas de leche

1 taza de harina de maíz amarillo

2 cucharaditas de polvo para hornear

1 cucharadita de sal

1 ajoporro en rueditas

los granos de dos mazorcas de maíz

PREPARACIÓN

Precalienta el horno a 400° F / 200° C. Prepara el molde refractario con las dos cucha-radas de mantequilla. Para preparar la mezcla, bate ligeramente las yemas en un reci-piente y mantenlas aparte. Coloca dos tazas de leche y la harina de maíz en una olla y déjala hervir durante tres minutos a fuego medio sin dejar de remover con la cuchara de madera. Añade la media taza de leche restante, el polvo para hornear, las yemas li-geramente batidas y la sal. Bate las claras a punto de nieve. Incorpora la mezcla a las claras con movimientos suaves y envolventes, con la espátula de goma. Vierte la mitad de la mezcla en el molde refractario preparado. Esparce las rueditas de ajoporro y los granos de maíz dulce. Ahora agrega la mezcla restante sobre éstos. Hornea de 35 a 40 minutos o hasta que el soufflé esté esponjoso y dorado. Sirve de inmediato para que el soufflé no se baje.

- Las hojas de los ajoporros
- son tan cerradas que
- esconden gran cantidad
- de tierra. Para lavarlos
- fácilmente, rebánalos y
- coloca las ruedas en un
- recipiente. Llénalo con
- agua fría, lava el ajoporro
- cuidadosamente y luego
- retíralo con las manos. Es
- preferible que no cueles
- las ruedas de ajoporro
- para que la tierra no caiga
- nuevamente sobre ellas.

tortica de calabacín

4 PERSONAS

INGREDIENTES

1/2 kilo de calabacín

2 cucharaditas de sal

1 cucharada de mantequilla

1 cebolla pequeña picadita

3 huevos

1 pizca de pimienta

1 cucharada de perejil picadito

3 cucharadas de harina todo uso

1/2 cucharadita de polvo para hornear

3 cucharadas de aceite de maíz

4 rueditas de queso de cabra

8 tomates cherry

Hojitas de albahaca fresca

· Cuando ralles el

· calabacín, añade la sal y

· ponlos dentro de un

· colador para que pierdan

· el exceso de agua. Puedes

· hacer lo mismo con el

· pepino para que quede

· bien crujiente a la hora de

· preparar tus ensaladas.

·

·

·

·

·

·

·

·

PREPARACIÓN

Lava los calabacines muy bien y rállalos a mano o utilizando un procesador de alimentos, ponles la sal y colócalos en un colador sobre un recipiente. Déjalos reposar durante media hora y luego presiónalos para que pierdan la mayor cantidad de agua posible. En una sartén derrite la mantequilla y sofríe la cebolla picadita hasta que esté transparente. En un recipiente coloca los huevos, la pimienta, el perejil, la cebolla cocida, la harina y el polvo para hornear e intégralos bien. Añade el calabacín. Una vez que todos los ingredientes estén bien integrados, calienta una cucharada de aceite de maíz en una sartén. Vierte la mezcla y espárcela uniformemente. Fríe a fuego medio hasta que esté dorada por debajo. Coloca un plato sobre la sartén a manera de tapa e inviértela cuidadosamente para que la tortica pase al plato. Ponle un poquito más de aceite y deja caer nuevamente la tortica en la sartén, dejándola rodar, para cocinar el otro lado. Sigue cocinando hasta que esté dorada. Si la sintieras blanda, tapa la sartén para asegurarte de que se cocine bien por dentro. A la hora de servir, decora con las ruedas de queso de cabra, los tomaticos cherry cortados por la mitad y las hojitas de albahaca fresca.

pescados y mariscos

vieiras a la naranja

4 PERSONAS

INGREDIENTES

150 g de mantequilla sin sal

2 ajoporros cortaditos en ruedas, sólo la parte blanca

La ralladura de una naranja

El jugo de dos naranjas

3/4 taza de vino blanco

Sal y pimienta

350 g de vieiras limpias

Ciboulette para decorar

- Yo sirvo mis vieiras en
- conchas naturales. Luego,
- simplemente las lavo y las
- guardo como parte de mi
- vajilla.

PREPARACIÓN

En una sartén que tenga tapa, derrite una cucharada de mantequilla y agrega las ruedas de ajoporro. Cocina a fuego lento durante unos cinco minutos o hasta que el ajoporro esté suave. Añade la ralladura y el jugo de naranja, incorpora el vino blanco y sube el fuego hasta casi llegar al hervor. Ponle sal y pimienta a las vieiras y colócalas sobre el ajoporro, formando una capa. Tapa bien la sartén y déjalas cocinar durante cinco minutos aproximadamente. Retira el ajoporro y las vieiras de la sartén, arréglalas en las conchas y mantenlas calientes. Ahora sube el fuego y reduce a la mitad la salsa que se formó. Baja el fuego y agrega, poco a poco, la mantequilla restante cortada en cubitos sin dejar de remover con la cuchara de madera. Se trata de que la salsa emulsione. Es importante que la salsa no hierva. Vierte la salsa sobre las vieiras, decora con ciboulette y sirve de inmediato.

ceviche colorido

2 PERSONAS

INGREDIENTES

1/4 taza de jugo de naranja

1/2 taza de jugo de limón

1 cucharadita de sal

1 cucharadita de azúcar

2 filetes de pescado blanco

1 cebolla morada

1 ají dulce rojo

1 ají dulce verde

1 cucharada de menta picadita

3 cucharadas de cilantro picadito

3 cucharadas de aceite de oliva extravirgen

hojitas de cilantro para decorar

- · Una técnica muy común
- · en México y Perú es
- · cocinar el pescado en jugo
- · de limón. Si deseas un
- · sabor más suave,
- · combínalo con jugo de
- · naranja o parchita.

PREPARACIÓN

En un recipiente coloca el jugo de naranja, el jugo de limón, la sal y el azúcar. Corta los filetes de pescado en cubos y sumérgelos en la mezcla. Tapa el envase con papel plástico y déjalo en la nevera durante una hora. En otro recipiente coloca la cebolla morada picadita, el ají dulce picadito, la menta y el cilantro. Cuela el pescado y presiona con la cuchara de madera para extraer la mayor cantidad de líquido posible. Incorpora el pescado al recipiente con los demás ingredientes y añade el aceite de oliva extravirgen. Decora con hojitas de cilantro y sirve de inmediato.

pinchos de langostinos

4 PERSONAS

INGREDIENTES

800 g de langostinos

El jugo de un limón

2 dientes de ajo

2 cucharadas de jerez

2 cucharadas de salsa de soya

1/4 taza de menta fresca picadita

1 pizca de sal

1 pizca de ají picante en hojuelas

3 tallos de cebollín en bastones

Hojas de cilantro para decorar

PREPARACIÓN

Pon a remojar los palitos de madera en agua como te indicamos en la barra lateral. Pela los langostinos sin quitarles la cola, retírales la vena y lávalos bien. En un recipiente prepara una marinada mezclando el jugo de limón, el ajo, el jerez, la salsa de soya, la menta picadita, la sal y las hojuelas de ají picante. Incorpora los langostinos y métetelos en la nevera durante media hora. Una vez que ha transcurrido este tiempo, prepara los pinchos insertando los langostinos y los bastones de cebollín en los palitos mojados. Cocina los pinchos en la parrilla o en una sartén bien caliente hasta que estén rosados, de seis a ocho minutos. Voltéalos una sola vez. Decóralos con hojitas de cilantro y sírvelos de inmediato.

- Sumerge los palitos de
- madera en agua durante
- treinta minutos antes de
- armar tus pinchos y
- mientras los langostinos
- se marinan. De esta
- manera evitarás que se
- quemen cuando los
- pongas en la plancha o en
- la parrilla.

nigiri sushi

8 PERSONAS

INGREDIENTES

3 tazas de arroz para sushi

3 tazas de agua

1/4 taza de vinagre de arroz

1/2 cucharadita de sal marina

1 y 1/2 cucharadas de azúcar pulverizada

500 g de pescado

5 cucharaditas de wasabi

PREPARACIÓN

Lava el arroz en un recipiente, bota el agua y repite la operación. Lávalo tres veces o hasta que el agua salga clarita. Pon el arroz en una olla con las tres tazas de agua y mantenla tapada durante todo el proceso. Cuando llegue a la ebullición, sube el fuego y déjalo hervir durante tres minutos. Baja el fuego a la mitad y cocina durante cinco minutos. Baja más el fuego y cocina de cinco a diez minutos más. Retira la olla del fuego y destápala; verás que el agua se habrá secado; cubre la olla con papel absorbente y tápala nuevamente. Coloca el vinagre de arroz y la sal marina en una sartén y cocina removiendo constantemente hasta que la sal se disuelva. Agrega las cucharadas de azúcar pulverizada y continúa removiendo, sin permitir que hierva. Coloca el arroz caliente en un recipiente de madera y sepáralo con la paleta de madera dejando un agujero en el centro. Vierte el vinagre dentro de éste poco a poco y comienza a mover el arroz con la paleta de madera para que se distribuya de manera uniforme. Puedes utilizar un abanico para enfriar el arroz hasta llevarlo a temperatura ambiente. Tápalo con un paño húmedo hasta que lo vayas a utilizar. Para hacer los nigiri sushi, corta las rebanadas de pescado fresco. Forma los rollitos de arroz en la palma de la mano y mantenlos aparte. Ahora pon una rebanada de pescado en la palma de la mano, esparce un poquito de wasabi y coloca el rollito de arroz. Dale la forma con la palma de la mano como te mostramos en la barra lateral.

tekkamaki

5 ROLLS / 40 PIEZAS

INGREDIENTES

5 hojas de nori

2 tazas de arroz preparado para sushi

5 cucharaditas de wasabi

5 bastones de atún fresco

PREPARACIÓN

Coloca una hoja de nori sobre la rejilla de bambú. Moja tus manos, forma una bolita con el arroz. Alárgala un poco y ponla sobre la hoja de nori. Extiende el arroz presionándolo ligeramente y deja un espacio en los bordes. Esparce un poco de wasabi y coloca el bastón de atún fresco sobre éste. Enrolla la rejilla de bambú mientras sostienes los ingredientes con los dedos. Termina de enrollar presionando ligeramente hasta que tome la forma. Levanta la solapa superior para terminar de enrollar el roll. Asegúrate de que la hoja de nori está bien adherida y retira el roll de la rejilla. Corta por la mitad y luego nuevamente por la mitad para que tengan el mismo tamaño.

california roll

4 ROLLS / 32 PIEZAS

INGREDIENTES

4 hojas de nori
2 tazas de arroz preparado para sushi
8 cucharaditas de huevas de cangrejo
1/2 aguacate en bastones
8 barritas de cangrejo

PREPARACIÓN

Cubre la esterilla de madera con un trozo de papel de plástico. Dobla los bordes por debajo para que se sujete. Coloca una hoja de nori sobre la rejilla, forma una bolita de arroz con las manos mojadas y extiéndela sobre la hoja de nori, hasta cubrirla casi en su totalidad. Extiende dos cucharadas de huevas de cangrejo sobre el arroz utilizando la parte posterior de una cuchara y cúbrelo como te mostramos en la fotografía. Levanta la hoja de nori cubierta y voltéala cuidadosamente. Coloca los bastones de aguacate y las barritas de cangrejo sobre el arroz. Enrolla la rejilla con sumo cuidado, procurando que los ingredientes no se salgan. Presiona ligeramente para asegurar el roll. Levanta la parte superior de la rejilla para que se unan los dos extremos del roll. Presiona para que éste se mantenga en su lugar y para darle la forma redonda. Con un cuchillo, corta el roll por la mitad y luego, nuevamente, para que te queden del mismo tamaño.

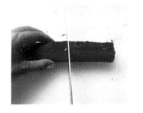

tartaleta de cebolla / 62

tartaleta de ricotta y perejil / 64

cestica con hongos / 66

pastelitos de brócoli / 68

tartaleta de espinacas y tomate / 70

tartaletas y pastas saladas

tartaleta de cebolla

6 A 8 PERSONAS

INGREDIENTES

200 g de mantequilla con sal

2 y 2/3 tazas de harina todo uso

6 ó 7 cucharadas de agua helada

8 cebollas

2 cucharadas de aceite de maíz

Sal y pimienta

1/4 cucharadita de nuez moscada

1 cucharada de harina todo uso

3 huevos

1/3 taza de crema para batir refrigerada

1/3 taza de leche

· Originaria de Asia Central,

· la cebolla ha sido

· cultivada durante más de

· cinco mil años. Para los

· galos, la cebolla era una

· útil herramienta que

· utilizaban para predecir el

· clima. Muchas capas

· anunciaban un invierno

· frío y difícil.

PREPARACIÓN

...rno a 375° F / 190° C. Corta en trocitos la mantequilla muy fría. Co-
...e incorpora la harina. Con un tenedor, integra ambos ingredien-
...uede bien sueltecita. Añade una cucharada de agua fría y si-
...or. Incorpora una a una las demás, hasta que se forme una
...é lista, cubre el molde de tartaleta. Abre agujeritos en el
...con el tenedor. Hornea de diez a quince minutos o has-
...Retírala del horno y déjala enfriar mientras preparas el
...oloca en una olla o en una sartén con tapa las cebollas
...sofríelas en el aceite de maíz. Cocínalas, a fuego muy
...nte unos 40 minutos o hasta que estén ligeramente do-
...nte con una cuchara de madera. Agrega la sal, la pimienta,
...arada de harina y déjala cocinar durante cinco minutos más.
...uego. En un recipiente coloca los huevos, la crema y la leche. Bá-
...tenedor hasta que estén bien integrados. Vierte esta mezcla en la olla donde están las cebollas, mezcla bien y transfiérela a la base de la tartaleta ya horneada.
Hornea nuevamente, sin cambiar la temperatura del horno, durante 30 minutos o hasta que esté ligeramente dorada.

tartaleta de ricotta y perejil

6 A 8 PERSONAS

INGREDIENTES

150 g de mantequilla

1 y 3/4 tazas de harina todo uso

1 huevo

3/4 taza de crema de batir refrigerada

20 g de perejil picadito

1 diente de ajo

3/4 taza de ricotta con sal

2 huevos enteros y una yema adicional

1 pizca de nuez moscada

3/4 taza de queso provolone rallado

- La ricotta se elabora con
- el suero de la leche luego
- del proceso de elaboración
- de otros quesos. Puede o
- no contener sal, lo cual
- permite hacer variadas
- preparaciones en la
- cocina.

PREPARACIÓN

Precalienta el horno a 375º F / 190º C. Coloca la mantequilla con la harina en la batidora y bate hasta que se integren. Añade el huevo y mezcla hasta formar una masa homogénea. Cubre el molde de tartaleta y pínchala con un tenedor. Hornea durante diez minutos, sácala y déjala reposar. Para hacer el relleno, pon a hervir la crema de batir, retírala del fuego y déjala enfriar. Transfiérela al vaso de la licuadora con el perejl picadito. Procesa hasta que la crema tome el color del perejil, añade el ajo e incopora la ricotta con sal. Por último, agrega los huevos, la yema adicional y la nuez moscada. Esparce el provolone rallado en la base de la tartaleta ya horneada y vierte la mezcla sobre éste. Reduce la temperatura del horno a 350º F / 180º C y hornea de 30 a 35 minutos. Sácala del horno, déjala enfriar ligeramente y sírvela tibia.

cesticas con hongos

INGREDIENTES

2 cucharadas de mantequilla para el molde

10 hojas de filo

20 g de mantequilla derretida para pintar las hojas de filo

2 cucharadas de romero fresco picadito

230 g de hongos frescos

1 cebolla picadita

4 cucharadas de mantequilla

Sal y pimienta

6 rebanadas de queso de cabra

6 cucharaditas de aceite de oliva

Ramitas de romero fresco para decorar

PREPARACIÓN

Precalienta el horno a 350º F / 180º C. Prepara un molde para ponquecitos con mantequilla. Toma una hoja de filo, colócala sobre el mesón de cocina bien seco, píntala con la mantequilla derretida y espolvorea un poco de romero picadito. Coloca una hoja sobre ésta y repite la operación hasta que las hayas utilizado todas. Ahora corta las hojas de filo apiladas en seis cuadros del mismo tamaño. Toma cada uno y colócalo dentro del molde para ponquecitos, presionando suavemente para que tome la forma. Repite la operación con los cuadros restantes. Hornea las cesticas de ocho a diez minutos o hasta que estén doradas. Lava los hongos y córtalos en cubitos. Pica la cebolla en trocitos bien pequeñitos. Derrite las cuatro cucharadas de mantequilla y sofríe la cebolla hasta que esté transparente. Añade los hongos y déjalos cocinar unos cinco minutos hasta que el agua que sueltan se seque por completo. Añade la sal y la pimienta. Retira la sartén del fuego y mantén los hongos calientes. Toma cada cestica ya horneada, coloca en el fondo una rebanada de queso de cabra, una cucharadita de aceite de oliva y termina de rellenarla con los hongos. Hornéalas durante unos tres o cuatro minutos, sácalas del horno y decóralas con una ramita de romero fresco.

- Deberás pintar cada hoja
- de filo con mantequilla
- derretida antes de colocar
- la siguiente sobre ésta. Si
- alguna se rompe, puedes
- ponerle mantequilla y
- pegar un trocito donde
- ésta se rasgó.

pastelitos de brócoli

6 PASTELITOS

INGREDIENTES

1 y 3/4 tazas de brócoli en trocitos

2 cucharadas de aceite de oliva

1 cebolla picadita

1 pizca de sal

1 taza de ricotta con sal

2 cucharadas de perejil picadito

1 pizca de pimienta negra

9 hojas de filo

20 g de mantequilla derretida para pintar las hojas de filo

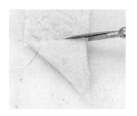

PREPARACIÓN

Precalienta el horno a 375º / 190º C. Cocina el brócoli al vapor hasta que adquiera un color verde intenso y córtalo en trocitos pequeños. Calienta el aceite de oliva y sofríe la cebolla picadita. Añade una pizca de sal y retira la sartén del fuego. En un recipiente mezcla la cebolla doradita, el brócoli, la ricotta con sal, el perejil picadito y la pimienta hasta que estén bien integrados. Toma una hoja de filo, colócala sobre el mesón de cocina bien seco, píntala con la mantequilla derretida y coloca una hoja sobre ésta. Repite la operación hasta que hayas utilizado tres hojas. Ahora corta las hojas de filo apiladas en tres tiras largas. Coloca una cucharada del relleno en un extremo de la tira de filo y dobla la punta para formar un triángulo. Ahora dóblala hacia el otro extremo, como te mostramos en la fotografía. Continúa doblando hasta que hayas utilizado toda la tira. Si fuera muy larga, córtala con la tijera. Repite la operación con las hojas restantes y el relleno. Coloca los pastelitos en una bandeja y píntalos con algo más de mantequilla derretida. Hornea hasta que estén doraditos y déjalos enfriar ligeramente antes de servir.

tartaleta de espinacas y tomate

10 TARTALETAS INDIVIDUALES

INGREDIENTES

2 y 2/3 tazas de harina todo uso

200 g de mantequilla con sal

6 ó 7 cucharadas de agua helada

500 g de espinacas

2 huevos enteros ligeramente batidos

3/4 taza de queso gouda rallado

1 pizca de nuez moscada

1/3 taza de crema de batir refrigerada

1 pizca de sal

2 tomates maduros

Ramitas de tomillo para decorar

· A la hora de hacer tus

· tartaletas individuales,

· puedes utilizar los moldes

· para ponquecitos.

PREPARACIÓN

Precalienta el horno a 375° F / 190° C. Mide la harina y colócala en un recipiente. Agrega la mantequilla fría en cucharadas y mezcla ambos ingredientes con un tenedor. Se trata de que la mantequilla quede suelta y bien integrada con la harina. Comienza a rociar con el agua bien fría, de cucharada en cucharada y sin dejar de trabajar con el tenedor, hasta que la masa adquiera una consistencia homogénea. Forma una capa de masa sobre el molde de tartaleta y pincha el fondo y los laterales con el tenedor. Esto se hace para que no se formen burbujas cuando vayas a hornear la base. Hornéala durante unos 10 minutos y retírala del horno. Cocina las espinacas al vapor y córtalas en trocitos pequeñitos. En un recipiente coloca los huevos ligeramente batidos y añade las espinacas. Incorpora el queso, la nuez moscada, la crema de batir y la sal. Rellena las bases de las tartaletas y coloca una rebanada de tomate sobre cada una. Hornea hasta que estén doraditas, decóralas con tomillo fresco y sírvelas de inmediato.

los risottos

risotto de remolacha

3 PERSONAS

INGREDIENTES

3 remolachas pequeñas sin pelar

2 dientes de ajo sin pelar

La corteza de una naranja

3/4 taza de vino rosado

5 tazas de consomé de pollo

1 cebolla grande picadita

2 cucharadas de aceite de oliva

1 y 1/2 tazas de arroz arborio

La ralladura de una naranja

1/4 taza de queso parmesano

Sal y pimienta

2 cucharadas de perejil picadito

PREPARACIÓN

Precalienta el horno a 400º F / 200º C. Coloca las remolachas sin pelar, con los dientes de ajo y la corteza de naranja en un trozo de papel de aluminio y haz un paquetico. Hornea durante una hora o hasta que la remolacha esté suave. Utiliza un palillo de madera para comprobar que la remolacha esté lista. Saca el paquetico del horno, ábrelo, elimina el ajo y las cortezas de naranja y cuando estén suficientemente frías, quítales la piel. Colócalas en la licuadora, agrega dos cucharadas de vino rosado y procesa hasta que obtengas una mezcla homogénea. Reserva hasta que la vayas a utilizar. Ahora, pon a calentar el consomé. Sofríe la cebolla en el aceite de oliva hasta que esté transparente. Agrega el arroz arborio y mezcla hasta que quede bien cubierto de aceite. Añade el vino rosado restante y mezcla hasta que el arroz lo absorba por completo. Vierte media taza de consomé y remueve hasta que el arroz absorba casi todo el líquido. Continúa cocinando de esta forma, agregando cada vez media taza de consomé hasta que el arroz comience a suavizar. Incorpora el puré de remolacha y la ralladura de naranja. Sigue cocinando y agrega media taza de consomé cada vez que el arroz lo absorba, hasta que esté al dente, es decir, suave pero ligeramente firme en el centro del grano. Añade el queso parmesano y ajusta la sal y la pimienta. Decora con el perejil y sirve de inmediato.

- · Cuando cocines
- · remolachas es mucho más
- · fácil hacerlo en un trozo
- · de papel de aluminio y sin
- · eliminar la concha pues
- · ésta se desprende
- · fácilmente cuando está
- · cocida, al tanto que ayuda
- · a retener el color y los
- · nutrientes.

risotto con hongos porcini

INGREDIENTES

1/4 taza de hongos porcini

1/4 taza de agua caliente

3 cucharadas de mantequilla

2 cucharadas de aceite de oliva

1 cebolla picadita

1 y 1/2 tazas de arroz arborio

5 tazas de consomé de res

1/2 taza de crema de batir refrigerada

1/4 taza parmesano rallado

PREPARACIÓN

Pon a remojar los hongos porcini en un recipiente con el agua caliente. En una olla mediana derrite la mantequilla, agrega el aceite de oliva y sofríe la cebolla picadita hasta que esté transparente. Incorpora el arroz y remueve con la cuchara de madera hasta que quede bien cubierto de aceite. Añade media taza de consomé, remueve y deja cocinar hasta que el arroz lo absorba completamente. Repite esta operación, agregando media taza de caldo cada vez, hasta que el arroz esté al dente. Incorpora los hongos porcini hidratados y el líquido donde los dejaste reposar. Cuando lo absorba por completo, incorpora la crema de batir, mezcla bien y cocina un ratico más. Retira del fuego y decora con el queso parmesano. Sirve de inmediato.

- Para hidratar los hongos
- porcini basta colocarlos en
- un recipiente con un
- cuarto de taza de agua
- caliente. Yo utilizo este
- líquido en el risotto, pues
- queda muy aromatizado.
- Pásalo por un pañito
- limpio de cocina o por un
- filtro de café para eliminar
- cualquier residuo.

risotto alla milanese

3 PERSONAS

INGREDIENTES

5 tazas de consomé de pollo

Hebras de azafrán

1 cebolla picadita

3 cucharadas de aceite de oliva

1 y 1/2 tazas de arroz arborio

1 taza de vino blanco

1 taza de leche

1/2 taza de parmesano rallado

1 pizca de pimienta

1 pizca de nuez moscada

Lonjitas de parmesano para decorar

PREPARACIÓN

Pon a calentar el consomé en una olla. Disuelve las hebras de azafrán como te indicamos en la barra lateral. Mantén caliente el consomé restante. Sofríe la cebolla picadita en el aceite de oliva. Cuando esté transparente, incorpora el arroz y remueve con la cuchara de madera hasta que los granos estén cubiertos de aceite. Agrega el vino blanco y remueve con la cuchara de madera. Una vez que el arroz absorba el vino, añade media taza de consomé caliente y sigue removiendo con la cuchara de madera. Repite esta operación sin dejar de remover. Cuando el risotto esté casi listo, incorpora la taza de leche y el azafrán disuelto en consomé. Sigue removiendo hasta que el arroz esté al dente y la salsa que lo cubre adquiera una textura cremosa. Agrega la media taza de parmesano rallado, la pimienta y la nuez moscada. Decora con las lonjitas de parmesano y sirve de inmediato.

- Ingrediente básico de la
- paella y del risotto alla
- milanese, el azafrán no es
- otra cosa que los
- filamentos de una flor que
- se recogen a mano y luego
- se secan. Para obtener
- todo el color del azafrán,
- coloca las hebras en un
- platico y vierte sobre ellas
- una cucharada de
- consomé bien caliente.
- Con la parte posterior de
- una cuchara presiona las
- hebras en movimientos
- circulares hasta colorear el
- consomé.
-
-

risotto de calamares

INGREDIENTES

1/2 kilo de calamares

5 tazas de consomé de pescado

1 cebolla picadita

3 cucharadas de aceite de oliva

1 pimentón verde picadito

1 tomate picadito

2 dientes de ajo triturados

1 y 1/2 tazas de arroz arborio

1/2 taza de jerez

1 pizca de sal

6 bolsitas de tinta de calamar

- · Yo acompaño este risotto
- · con una mayonesa con
- · ajo. Para hacerla, coloca
- · un huevo entero en la
- · licuadora con un diente de
- · ajo, un chorrito de jugo de
- · limón y una pizca de sal.
- · Enciende la licuadora y
- · vierte en un hilito una
- · taza de aceite de maíz.

PREPARACIÓN

Lava y limpia los calamares, córtalos en rueditas pequeñas y resérvalos hasta que los vayas a utilizar. Pon a calentar el consomé en una olla. Sofríe la cebolla picadita en el aceite de oliva. Añade el pimentón verde. Agrega el tomate y el ajo e incorpora los calamares. Verás cómo sueltan bastante líquido. Añade el arroz arborio y comienza a remover con la cuchara de madera. Cuando el arroz absorba el líquido, añade media taza de consomé caliente y sigue removiendo con la cuchara de madera. Repite esta operación sin dejar de remover hasta que se termine el consomé de pescado. Cuando el risotto esté casi listo, agrega el jerez. Sigue removiendo hasta que el arroz esté al dente y la salsa que lo cubre adquiera una textura cremosa. Ajusta la sal y añade la tinta de calamar. Mezcla bien y sirve de inmediato.

risotto de espárragos al limón

3 PERSONAS

INGREDIENTES

12 espárragos delgaditos

2 cucharadas de mantequilla

1 cebolla picadita

3 cucharadas de aceite de oliva

1 y 1/2 tazas de arroz arborio

5 tazas de consomé de res

1 yema de huevo

1/2 taza de crema de batir refrigerada

La ralladura de un limón

1 cucharada de jugo de limón

1/4 taza de parmesano rallado

- El toque final de este
- risotto es una maravillosa
- mezcla de crema de batir
- refrigerada y dos yemas de
- huevo. También agrego a
- la mezcla la ralladura bien
- fresquita y el jugo de
- limón recién exprimido.
-
-
-
-
-
-
-
-

PREPARACIÓN

Lava los espárragos, córtalos en bastones de unos tres centímetros y ponlos a cocinar al vapor. Cuando veas que adquieren un color verde intenso, retíralos del fuego y mételos en agua helada para detener la cocción. En una olla mediana, derrite la mantequilla y sofríe la cebolla picadita hasta que esté transparente. Agrega dos cucharadas de aceite de oliva e incorpora el arroz arborio. Remueve con la cuchara de madera hasta que el arroz quede bien cubierto. Añade media taza de consomé, remueve y deja cocinar hasta que lo absorba por completo. Repite esta operación, agregando media taza de caldo cada vez, hasta que el arroz esté al dente. Incorpora los espárragos al vapor. En un recipiente coloca la yema de huevo, agrega la crema de batir, la ralladura y el jugo de limón y mezcla bien. Incorpora esta mezcla al risotto, remueve y cocina un ratico más. Retira del fuego, decora con algo más de ralladura de limón y con el queso parmesano. Sirve de inmediato.

bavette al pesto / 86

spaghetti alla carbonara / 88

orecchiette con brócoli / 90

farfalle al salmón ahumado / 92

bucatini all'amatriciana / 94

pastas favoritas

bavette al pesto

INGREDIENTES

Agua para cocinar la pasta

Sal para el agua de la pasta

50 g de hojas de albahaca fresca

10 cucharadas de aceite de oliva

40 g de piñones

1 pizca de sal

1 diente de ajo

350 g de bavette

100 g de parmesano rallado

Parmesano rallado adicional para decorar

- La maravillosa
- combinación de albahaca
- fresca con piñones, ajo y
- aceite de oliva nació en
- Génova, ciudad natal de
- Cristóbal Colón.

PREPARACIÓN

Pon a hervir suficiente agua en una olla y agrega la sal. Lava las hojas de albahaca y colócalas con el aceite de oliva, los piñones, la sal y el diente de ajo en el vaso de la licuadora. Procesa hasta que se forme una mezcla homogénea. Cocina la pasta durante el tiempo que te indica el empaque y reserva dos cucharadas del agua donde la cocinaste. Cuando la pasta esté lista, cuélala y transfiérela a la sartén donde está la salsa, añade el agua que reservaste y decora con el parmesano rallado.

spaghetti alla carbonara

3 ó 4 PERSONAS

INGREDIENTES

Agua para cocinar la pasta

Sal para el agua de la pasta

6 tiras de tocineta

4 cucharadas de aceite de oliva

20 g de mantequilla

1/2 taza de vino blanco

350 g de spaghetti

3 yemas de huevo

100 g de parmesano rallado

1 cucharada de perejil picadito

Pimienta

Parmesano rallado adicional para decorar

De todas las formas de
pasta, los spaghetti son
los más famosos. Ellos
nacieron en Nápoles.
Inicialmente eran
delgaditos y se llamaron
"spaghettini". Después,
cuando se sirvieron con
las salsas más densas del
norte, necesitaron más
consistencia y se con-
virtieron en "spaghetti".

PREPARACIÓN

Pon a hervir suficiente agua para cocinar la pasta y añade la sal. Sofríe las tiras de tocineta y déjalas reposar sobre el papel absorbente para eliminar el exceso de aceite. En
otra sartén calienta el aceite de oliva, derrite la mantequilla y añade la tocineta tosta-
da en trocitos. Vierte el vino blanco y cocina hasta que se reduzca a la mitad. Retira la
sartén del fuego y déjala reposar. Cocina los spaghetti durante el tiempo que te indica
el empaque. En un recipiente suficientemente grande, mezcla las yemas de huevo con
el queso parmesano rallado, el perejil picadito y la pimienta. Cuando la pasta esté al
dente, cuélala y transfiérela al recipiente con las yemas y el queso. Mezcla hasta que
la pasta esté bien cubierta con esta mezcla. Calienta nuevamente el vino con la tocineta y, al hervir, viértelo sobre la pasta. Mezcla suavemente, decora con algo más de
queso parmesano y sirve de inmediato.

orecchiette con brócoli

3 ó 4 PERSONAS

INGREDIENTES

Agua para la pasta

Sal para el agua de la pasta

...llado

...juelas

...ocinar la pasta y añade la sal. Lava el brócoli y se-
...calienta el aceite de oliva y sofríe ligeramente los
...anchoas con el agua y tritúralas hasta que se disuel-
...corpora las anchoas al aceite caliente. Déjalo repo-
...el tiempo que te indica el empaque. Cuando falten
...orpora las florecitas de brócoli. Cuela la pasta con el
brócoli y tr... ...tén donde preparaste el aceite. Añade el tomate fresco e integra todos los ingredientes. Decora con el queso rallado y las hojuelas de ají picante. Sirve de inmediato.

- Las orecchiette son
- originarias de la región de
- Puglia, cuyo territorio
- forma el tacón de la
- "bota" italiana. Esta pasta
- tiene forma redondeada y
- su centro es ligeramente
- más delgado que sus
- bordes. Parecen pequeñas
- orejitas y es que
- "orecchiette" quiere decir,
- en italiano, orejitas.

farfalle al salmón ahumado

3 ó 4 PERSONAS

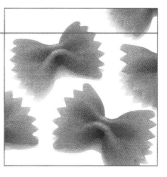

INGREDIENTES

Agua para cocinar la pasta

Sal para el agua de la pasta

20 g de mantequilla

30 g de salmón ahumado picadito

1 taza de crema de batir refrigerada

la ralladura de un limón

1 cucharada de perejil picadito

Sal y pimienta

350 g de farfalle

1 cucharadita de cebollín picadito

PREPARACIÓN

Hierve suficiente agua en una olla y añade la sal. Derrite la mantequilla en una sartén y añade el salmón ahumado picadito. Incorpora la crema de batir refrigerada y déjala cocinar hasta que espese. Retira la sartén del fuego, añade la ralladura de limón, el perejil picadito, una pizca de sal y una de pimienta. Cocina los farfalle en el agua durante el tiempo que indica el empaque. Cuando la pasta esté al dente, cuélala y transfiérela a la sartén donde preparaste la salsa. Mezcla hasta que la pasta esté bien cubierta. Decora con el cebollín picadito y sirve de inmediato.

- Los farfalle nacieron en
- Bologna. Su nombre viene
- dado por su forma, pues
- "farfalle" significa
- mariposa en italiano. Y es
- que los farfalle parecen
- mariposas, pero también
- lacitos. Su centro arrugado
- permite que la cantidad
- adecuada de salsa se
- adhiera a la pasta.
-
-
-
-
-
-
-

bucatini all'amatriciana

3 ó 4 PERSONAS

INGREDIENTES

Agua para cocinar la pasta

Sal para el agua de la pasta

20 g de mantequilla

1 cebolla picadita

6 tiras de tocineta picadita

10 tomates pelados sin las semillas

1/4 cucharadita de ají picante en hojuelas

Sal y pimienta

350 g de bucatini

Lonjas de parmesano para decorar

PREPARACIÓN

Hierve suficiente agua en una olla y añade la sal. Derrite la mantequilla en una sartén y sofríe la cebolla picadita hasta que esté ligeramente dorada. Añade la tocineta picadita y sofríela hasta que esté dorada pero no crujiente. Incorpora el tomate picadito sin las semillas y el ají picante en hojuelas. Deja cocinar la salsa apenas un poco. Apágala y añade la sal y la pimienta. Cocina los bucatini durante el tiempo que indica el empaque. Cuela la pasta cuando esté al dente, transfiérela a la sartén donde está la salsa, cúbrela bien y decora con las lonjas de parmesano. Sirve de inmediato.

- Los bucatini nacieron de
- la creatividad de los
- romanos, como una
- variante del clásico
- spaghetti napolitano. Se
- trata de una pasta larga
- con un agujero en el
- centro que parece un
- pitillo. Dicen los italianos
- que este agujero es el que
- le permite a la pasta
- "respirar" y le otorga una
- textura particular.
-
-
-
-
-

quesadillas / 98

burritos facilitos / 100

costillitas barbecue / 102

sandwich de pavo / 104

pizzitas / 106

con servilletas

quesadillas

INGREDIENTES

2 tomates picaditos sin semillas

1/4 taza de cebolla picadita

2 cucharadas de cilantro

2 cucharadas de vinagre balsámico

12 cucharadas de aceite de oliva

1 naranja

1 mango cortado en cubos

4 ajíes dulces amarillos

Sal

1 aguacate maduro

2 cucharadas de perejil

4 cucharaditas de aceite de maíz

8 tortillas blandas

2 tazas de queso amarillo rallado

- ·
- · Prepara las más coloridas
- · salsas para acompañar tus
- · quesadillas con todo el
- · sabor y el color que le dan
- · los más frescos
- · ingredientes a estos
- · fáciles y prácticos
- · antojitos mexicanos.

PREPARACIÓN

Comienza preparando las salsas. Para hacer la de tomate, coloca en un recipiente los tomates, la cebolla picadita, el cilantro, el vinagre balsámico y cuatro cucharadas de aceite de oliva. Mezcla bien los ingredientes. Ahora coloca en otro recipiente la naranja, el mango y los ajíes dulces e incorpora cuatro cucharadas de aceite de oliva y una pizca de sal. Para hacer el guacamole, coloca el aguacate cortado en cubitos con el perejil picadito, cuatro cucharadas de aceite de oliva y una pizca de sal. Para hacer las quesadillas, calienta un poquito de aceite de maíz en la sartén y coloca la tortilla. Cúbrela con un cuarto de taza de queso y coloca otra tortilla sobre ella. Cocina hasta que el queso se derrita y la tortilla comience a dorar. Dale la vuelta. Córtala en triángulos y decora con tus salsas coloridas.

burritos facilitos

4 PERSONAS

INGREDIENTES

1 cebolla grande

2 cucharadas de aceite de maíz

1 pimentón rojo

1 pimentón verde

250 g de pechugas de pollo

3 cucharadas de vino tinto

1 pizca de sal

8 tortillas blandas

1 lechuga rizada

1 aguacate maduro cortado en tiras

Ciboulette para amarrar

PREPARACIÓN

Ralla la cebolla y sofríela en el aceite de maíz. Agrega los pimentones en tiritas y cocina durante unos tres minutos. Incorpora las pechugas de pollo y sofríelas hasta que estén doradas. Córtalas en tiras y agrega el vino y la sal. Cocina durante cinco minutos o hasta que la salsa se reduzca. Calienta las tortillas al vapor durante unos tres minutos. Coloca la lechuga, el pollo y el aguacate sobre la tortilla. Dobla el burrito y amárralo con la ramita de ciboulette.

Esta es mi manera favorita de doblar los burritos. A la hora de amarrarlos, puedes hacerlo con ciboulette. Sumérgela en agua tibia para darle flexibilidad. Si las ramitas de ciboulette son muy cortas, únelas con un nudito hasta lograr la longitud deseada.

costillitas barbecue

4 PERSONAS

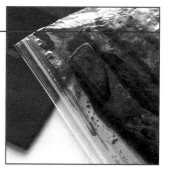

INGREDIENTES

4 cucharadas de vinagre

4 cucharadas de salsa de soya

4 cucharadas de salsa barbecue

1 cucharadita de jengibre molido

4 cucharadas de miel

1 estrella de anís

1 vara de canela

12 costillitas de cerdo

1 ají dulce en ruedas para decorar

1 ramita de cebollín en rueditas para decorar

PREPARACIÓN

Prepara una marinada con el vinagre, la salsa de soya, la salsa barbecue, el jengibre en polvo, la miel, la estrella de anís y la canela. Coloca las costillitas en una bolsa y vierte la marinada dentro de ella. Asegúrate de que la marinada cubra bien las costillitas y déjalas reposar durante media hora en la nevera para que los sabores se integren bien. Precalienta el horno a 400° F / 200° C. Transfiere las costillitas a un envase refractario y hornéalas tapadas, con papel de aluminio, durante media hora. Retira el papel de aluminio y hornea durante media hora más. Decora con el ají dulce y el cebollín en ruedas.

- Las bolsas plásticas son
- ideales para marinar los
- alimentos. Si tienes
- tiempo, pon a macerar las
- costillitas en la nevera
- durante toda la noche. Si
- no, sencillamente déjalas
- durante media hora para
- que absorban todo el
- sabor de la marinada.

sándwich caliente de pavo

2 PERSONAS

INGREDIENTES

1 cebolla en rebanadas

1 zanahoria en rebanadas

1 pechuga de pollo entera con hueso

Sal y pimienta

1/4 taza de vino de cocina

1 taza de hongos en rebanadas

1 cucharada de mantequilla

1/2 cucharadita de maicena

2 rebanadas de pan

Hojas de berro

- · Pide la pechuga de pollo
- · entera, con hueso y piel.
- · Lávala con limón antes de
- · hornearla y colócala sobre
- · una cama de cebolla y
- · zanahoria. Sabrás que
- · está lista cuando la
- · pinches en la parte más
- · gruesa y el jugo salga
- · transparente y claro.

PREPARACIÓN

Precalienta el horno a 400° F / 200° C. Forma una cama con las rebanadas de cebolla y de zanahoria en un envase refractario. Coloca sobre éstas la pechuga de pollo. Añade la sal y la pimienta. Hornea la pechuga hasta que esté cocida pero todavía jugosa, unos 45 minutos. Retírala del horno y transfiérela a una madera. Vierte el vino de cocina en el envase refractario y raspa el fondo, con una cuchara de madera, para hacer la salsa de base. Cuélala y transfiérela a un recipiente aparte. En una sartén sofríe los hongos en la mantequilla y cuando el agua se haya evaporado, incorpora la salsa de base, aña-de la maicena disuelta en un poquito de la misma salsa y déjala reducir a la mitad. Pon a tostar una rebanada de pan y cúbrela con las hojas de berro. Coloca sobre ésta las re-banadas de pechuga de pollo y báñalas con la salsa de hongos. Repite la operación con la rebanada de pan restante.

libre horas

106

pizzitas

18 PIZZITAS

INGREDIENTES

1 taza de agua tibia

1/4 cucharadita de azúcar

1 cucharada de levadura

3 tazas de harina todo uso

1 cucharadita de sal

1 y 1/2 cucharadas de aceite de oliva

1 cebolla picadita en rebanadas

8 hongos en rebanadas

8 tomates en cubitos

Sal y pimienta

1 pizca de orégano

2 mozzarellas en bola

50 g de parmesano rallado

hojitas de albahaca para decorar

ramitas de tomillo para decorar

ramitas de romero para decorar

PREPARACIÓN

Coloca el agua tibia en un recipiente pequeño. Agrega el azúcar y la levadura. Mezcla con un tenedor hasta que la levadura se disuelva y déjala reposar durante cinco minutos. En otro recipiente coloca la harina y la sal e incorpora la levadura disuelta. Mezcla hasta obtener una masa uniforme y forma con ella una bola. Tápala con un paño húmedo y déjala reposar durante media hora. Precalienta el horno a 425º F / 200º C. Coloca harina sobre una superficie lisa y extiende la masa con un rodillo. Corta los círculos de unos ocho centímetros, moldea los bordes con la yema de los dedos y píntalos con aceite de oliva. Para preparar la salsa, calienta el aceite de oliva restante y sofríe la cebolla picadita y los hongos. Incorpora el tomate, la sal, la pimienta y el orégano. Extiende la salsa sobre las bases y rellénalas con los diferentes ingredientes. Hornea durante 10 minutos, sácalas del horno y decóralas con hojitas de albahaca fresca y ramitas de tomillo o de romero. Sírvelas ligeramente calientes. Puedes hacer una versión con sólo aceite de oliva y romero, al estilo de la mejor focaccia italiana.

Lo mejor de hacer muchas pizzitas es que podrás lograr diferentes combinaciones utilizando los más variados ingredientes para complacer todos los gustos.

Sírvelos
como y
cuando
quieras...
pero
siempre
compár-
telos,
pues en
buena
compa-
ñía cual-
quiera
de estos
"abre
bocas"
sabe
siempre
mucho
mejor.